INFORMATIONS

Photo

Je m'appelle :

Ma date de naissance :

Mon adresse:

Mes informations médicales :

Le numéro de téléphone de la maison :

Ma maman s'appelle :

Le numéro de téléphone de maman :

Mon papa s'appelle :

Le numéro de téléphone de papa :

Mon médecin s'appelle :

Le numéro de téléphone de mon medecin :

Autres Informations / Numéros importants :

activités

Date du jour :

Petit mot des parents :

Ma journée à la crèche :

Heures	Repas	Couches	Siestes

activités

Date du jour :	

Petit mot des parents :

Ma journée à la crèche :

Heures	Repas	Couches	Siestes

activités

Date du jour :

Petit mot des parents :

Ma journée à la crèche :

Heures	Repas	Couches	Siestes

activités

Date du jour :

Petit mot des parents :

Ma journée à la crèche :

Heures	Repas	Couches	Siestes

activités

Date du jour :

Petit mot des parents :

Ma journée à la crèche :

Heures	Repas	Couches	Siestes

activités

Date du jour :

Petit mot des parents :

Ma journée à la crèche :

Heures	Repas	Couches	Siestes

activités

Date du jour :

Petit mot des parents :

Ma journée à la crèche :

Heures	Repas	Couches	Siestes

activités

Date du jour :

Petit mot des parents :

Ma journée à la crèche :

Heures	Repas	Couches	Siestes

activités

Date du jour :

Petit mot des parents :

Ma journée à la crèche :

Heures	Repas	Couches	Siestes

activités

Date du jour :

Petit mot des parents :

Ma journée à la crèche :

Heures	Repas	Couches	Siestes

activités

Date du jour :

Petit mot des parents :

Ma journée à la crèche :

Heures	Repas	Couches	Siestes

activités

Date du jour :

Petit mot des parents :

Ma journée à la crèche :

Heures	Repas	Couches	Siestes

activités

Date du jour :

Petit mot des parents :

Ma journée à la crèche :

Heures	Repas	Couches	Siestes

activités

Date du jour :

Petit mot des parents :

Ma journée à la crèche :

Heures	Repas	Couches	Siestes

activités

Date du jour :

Petit mot des parents :

Ma journée à la crèche :

Heures	Repas	Couches	Siestes

activités

Date du jour :

Petit mot des parents :

Ma journée à la crèche :

Heures	Repas	Couches	Siestes

activités

Date du jour :

Petit mot des parents :

Ma journée à la crèche :

Heures	Repas	Couches	Siestes

activités

Date du jour :

Petit mot des parents :

Ma journée à la crèche :

Heures	Repas	Couches	Siestes

activités

Date du jour :

Petit mot des parents :

Ma journée à la crèche :

Heures	Repas	Couches	Siestes

activités

Date du jour :

Petit mot des parents :

Ma journée à la crèche :

Heures	Repas	Couches	Siestes

activités

Date du jour :

Petit mot des parents :

Ma journée à la crèche :

Heures	Repas	Couches	Siestes

activités

Date du jour :

Petit mot des parents :

Ma journée à la crèche :

Heures	Repas	Couches	Siestes

activités

Date du jour :

Petit mot des parents :

Ma journée à la crèche :

Heures	Repas	Couches	Siestes

activités

Date du jour :

Petit mot des parents :

Ma journée à la crèche :

Heures	Repas	Couches	Siestes

activités

Date du jour :

Petit mot des parents :

Ma journée à la crèche :

Heures	Repas	Couches	Siestes

activités

Date du jour :

Petit mot des parents :

Ma journée à la crèche :

Heures	Repas	Couches	Siestes

activités

Date du jour :

Petit mot des parents :

Ma journée à la crèche :

Heures	Repas	Couches	Siestes

activités

Date du jour :

Petit mot des parents :

Ma journée à la crèche :

Heures	Repas	Couches	Siestes

activités

Date du jour :

Petit mot des parents :

Ma journée à la crèche :

Heures	Repas	Couches	Siestes

activités

Date du jour :

Petit mot des parents :

Ma journée à la crèche :

Heures	Repas	Couches	Siestes

activités

Date du jour :

Petit mot des parents :

Ma journée à la crèche :

Heures	Repas	Couches	Siestes

activités

Date du jour :

Petit mot des parents :

Ma journée à la crèche :

Heures	Repas	Couches	Siestes

activités

Date du jour :

Petit mot des parents :

Ma journée à la crèche :

Heures	Repas	Couches	Siestes

activités

Date du jour :

Petit mot des parents :

Ma journée à la crèche :

Heures	Repas	Couches	Siestes

activités

Date du jour :

Petit mot des parents :

Ma journée à la crèche :

Heures	Repas	Couches	Siestes

activités

Date du jour :

Petit mot des parents :

Ma journée à la crèche :

Heures	Repas	Couches	Siestes

activités

Date du jour :

Petit mot des parents :

Ma journée à la crèche :

Heures	Repas	Couches	Siestes

activités

Date du jour :

Petit mot des parents :

Ma journée à la crèche :

Heures	Repas	Couches	Siestes

activités

Date du jour :

Petit mot des parents :

Ma journée à la crèche :

Heures	Repas	Couches	Siestes

activités

Date du jour :

Petit mot des parents :

Ma journée à la crèche :

Heures	Repas	Couches	Siestes

activités

Date du jour :

Petit mot des parents :

Ma journée à la crèche :

Heures	Repas	Couches	Siestes

activités

Date du jour :

Petit mot des parents :

Ma journée à la crèche :

Heures	Repas	Couches	Siestes

activités

Date du jour :

Petit mot des parents :

Ma journée à la crèche :

Heures	Repas	Couches	Siestes

activités

Date du jour :

Petit mot des parents :

Ma journée à la crèche :

Heures	Repas	Couches	Siestes

activités

Date du jour :

Petit mot des parents :

Ma journée à la crèche :

Heures	Repas	Couches	Siestes

activités

Date du jour :

Petit mot des parents :

Ma journée à la crèche :

Heures	Repas	Couches	Siestes

activités

Date du jour :

Petit mot des parents :

Ma journée à la crèche :

Heures	Repas	Couches	Siestes

activités

Date du jour :

....

Petit mot des parents :

....

....

....

Ma journée à la crèche :

Heures	Repas	Couches	Siestes

activités

Date du jour :

Petit mot des parents :

Ma journée à la crèche :

Heures	Repas	Couches	Siestes

activités

Date du jour :

Petit mot des parents :

Ma journée à la crèche :

Heures	Repas	Couches	Siestes

activités

Date du jour :

Petit mot des parents :

Ma journée à la crèche :

Heures	Repas	Couches	Siestes

activités

Date du jour :

Petit mot des parents :

Ma journée à la crèche :

Heures	Repas	Couches	Siestes

activités

Date du jour :

Petit mot des parents :

Ma journée à la crèche :

Heures	Repas	Couches	Siestes

activités

Date du jour :

Petit mot des parents :

Ma journée à la crèche :

Heures	Repas	Couches	Siestes

activités

Date du jour :

Petit mot des parents :

Ma journée à la crèche :

Heures	Repas	Couches	Siestes

activités

Date du jour :

Petit mot des parents :

Ma journée à la crèche :

Heures	Repas	Couches	Siestes

activités

Date du jour :

Petit mot des parents :

Ma journée à la crèche :

Heures	Repas	Couches	Siestes

activités

Date du jour :

Petit mot des parents :

Ma journée à la crèche :

Heures	Repas	Couches	Siestes

activités

Date du jour :

Petit mot des parents :

Ma journée à la crèche :

Heures	Repas	Couches	Siestes

Top !

VOUS AVEZ FINIS VOTRE SUIVIS

Je donne à ce carnet une note de ☆ ☆ ☆ ☆ ☆

Justification de la note :

Printed in France by Amazon
Brétigny-sur-Orge, FR

19954724R00071